KATZEN DES OLYMP

ARTEA

KATZEN DES OLYMP

Inselherrscher auf vier Pfoten

Fotografie

Yoshitaka Masumi

Konzept und Gestaltung

Gabriele Schiffer

INSELGÖTTINNEN

Klettert doch, geschmeidige Katzen, aus Sonnenflammen
Empor ins Schattengezweig! Räkelt euch in dem Frieden,
Den eure Krallendolche der Insel bereitet haben!
Das Entsetzen schlängelte raschelnd unter Farnen
Und zischelte schlangenzüngig im Waldimmergrün
Unter Gräsern und Blüt' - doch mit Krallenblitzen
Habt ihr das Schlangengezücht gestraft!
Oh, euch Katzen allein danken dies sanfte Idyll
Die Herren der Insel. Ihre Feste sind euer Ruhm:
Oh, Entzücken der Herzen, beglückend schöne Cythere,
Laß die Spiele der Katzen und Menschen
Schattenlos untrennbar ineinandergleiten
Auf meerumspülten Tummelplätzen . . .

Drum - zärtliche Kätzchen - hat die Treue

Euch Tempel errichtet, wiederum Tempel; denn

Welches Vorbild seid ihr den Nichtverspielten,

Welche Meister, Schönheit den Leidenschaften untertan

Zu machen und Leidenschaft dem Schönen. Liebesfreude

Ist euer Erdenglück, Liebesspiel euer Himmel.

Oh, daß Hirten auf unsre Insel kämen und Glut

Von euch Glühenden fingen, Glut, die in Widdern

Und Lämmern nimmermehr glimmt. Ah, wer brennen will

In Feuerlohen des Eros, muß es euch Katzen

Gleichtun, euch zärtlich Geflammten!

François-Augustin de Paradis de Moncrif

Als wir nahe dem Gipfel waren, ging im Osten die Sonne auf. Langsam gebar sich die Welt aus dem Blauen der Nacht. Zuerst gewann das Meer seine Farbe: ein lichtestes Blau, durchscheinend edles Gestein. Dann fanden die Berge ihr summendes, tönernes Braun . . .

Rotes quoll aus dem Osten, ein sengender Brand. Ströme von Licht zerteilten die Welt. Die befehlende Gebärde des erscheinenden Tags wies allem den Platz und gebührenden Rang. Die Ebenen schleuderte es in die Tiefe, die Meere in die unendlichen Fernen, die Berge riß es empor in die gottbehausten Bereiche. Was vordem im Schoßdunkel der Nacht ein heimliches Ganzes war, nun ward es geschieden.

Das war die Ordnung des Zeus, die Teilung der Welt, die sich täglich von neuem vollzieht. Es war die Setzung der Maße, Geburt ins Klare hinein, der Aufgang der griechischen Welt.

Erhart Kästner

Die Katze aber ist eine
anarchische Aristokratin mit gesundem
proletarischem *élan vital*.

Axel Eggebrecht

Es ist eine schwierige Sache, die Zuneigung einer Katze zu gewinnen. Sie ist ein philosophisches, methodisches Tier, beharrlich in ihren eigenen Gewohnheiten, vernarrt in Ordnung und Reinlichkeit, und überschwenglichen Gefühlen abgeneigt. Sie wird Dir Freund sein, wenn sie Dich für wert befindet, aber niemals Dein Sklave.

Théophile Gautier

EIN HUND,

HABE ICH IMMER GESAGT,

IST PROSA,

EINE KATZE POESIE.

Jean Burden

Ich bin eine Katze. Ich bin ehrenwert.
Ich habe meinen Stolz. Ich habe meine
Würde. Und ich habe ein Gedächtnis.
Denn ich bin älter als Du. Ich bin älter
als Deine Götter; die Baumgötter, die
Steingötter, die Donner-, die Blitz- und
die Sonnengötter und Dein Gott der
Liebe. Ich kann auch lieben, aber nur
mit einem halben Herzen und das biete
ich Dir an. Nimm an, was ich Dir geben
kann, denn gäbe ich Dir alles, könnte
ich Deine unvermeidliche Treulosigkeit
nicht ertragen.
Lass uns ehrenwerte Freunde bleiben.

Paul Gallico

DIE KLEINSTE KATZE IST EIN MEISTERWERK

Leonardo da Vinci

Am ersten Abend, als wir eingezogen waren, kam sie. Sofort stellte sich ein schweigendes Einverständnis zwischen uns her. Sie schien zu sagen: »Ich diene euch als Katze. Ich bin lebendiger als ein Sessel oder ein Tisch. Aber ich will so beständig um euch sein wie die Möbel. Wenn ihr eine Katze habt, ist es fast, als wärt ihr zu Hause.« Wir antworteten: »Du bist eine herrenlose Katze. Eine schwarze, dünne, herrenlose Katze. Du bist nicht schön, aber du bist lebendiger als die Möbel. Wir sind Durchreisende. Hier - und nicht nur hier. Trau uns nicht. Wir sind nichts Festes. Aber solange du uns hast, wird es fast sein, als habest du einen Herrn und ein Heim.«

Hilde Domin

Die Menschheit läßt sich

grob in zwei Gruppen einteilen:

in Katzenliebhaber und vom

Leben Benachteiligte.

Francesco Petrarca

Und dieser Körper, rätsellos und rätselhaft glatt zugleich, gehört dem abgründigsten unserer Tiere, in dessen unverständliche Seele wir nicht eindringen. Wir selbst sind verkrümmt vor schlechtem Gewissen. Die Tiere um uns verkümmern unter dem unnatürlichen Zwang unserer sittlichen Vorschriften. Die Katze blieb als letzte, göttliche Inkarnation der Morallosigkeit, sie gehorcht nicht, sie hält nicht viel von Treue, der Fleiß ist für sie noch nicht erfunden – und sie ist herrlich schön wie am ersten Tag, noch ganz vollkommen, gesättigt in ihrer Trefflichkeit, ein kleiner Löwe . . .

Axel Eggebrecht

AN DEM FERNESTEN RAND DER ERDE KENNT MAN

DEINE TUGENDEN, MOLLY, DEINE REIZE.

DU DIE VENUS DER SCHÖNGEFLECKTEN CYPER!

DICHTER SINGEN ENTZÜCKT DEN LIEBREIZ DEINER

SCHMEICHELMIENE, BENEIDEN DEINE SPIELE

AUF DEM SCHOSSE GLYCERENS UND DEIN LAGER

IN DEM BETTE DES LIEBEVOLLSTEN MÄDCHENS.

Georg Schatz

Das Haus lag über dem Meer wie ein Schiff, mit Terrassen anstelle der Decks. Es war ganz von Geranien und Bougainvilleas umwachsen. Wenn man morgens die Augen aufmachte, sah man gleich auf das Meer, leuchtend glatt und blau. Der Sonnenaufgang wurde einem ans Bett gebracht wie ein Frühstück, zu einer annehmbaren Stunde, kurz vor neun.

Hilde Domin

»Ist denn das auf zwei Füßen aufrechte Einhergehen etwas so Großes, daß das Geschlecht, welches sich Mensch nennt, sich die Herrschaft über uns alle, die wir mit sicherem Gleichgewicht auf vieren daherwandeln, anmaßen darf? Aber ich weiß es, sie bilden sich was Großes ein auf etwas, was in ihrem Kopf sitzen soll, und was sie Vernunft nennen. Ich weiß mir keine rechte Vorstellung zu machen, was sie darunter verstehen, aber soviel ist gewiß, dass wenn, wie ich es aus gewissen Reden meines Herrn und Gönners schließen darf, Vernunft nichts anders heißt, als die Fähigkeit, mit Bewußtsein zu handeln und keine dummen Streiche zu machen, ich mit keinem Menschen tausche.«

E.T.A. Hoffmann, Kater Murr

MEINE SCHWESTERN,

IHR SOLLT KEIN TIER HALTEN,

ES SEI DENN EINE KATZE.

Mittelalterliche Ordensregel

. . . die Faulheit der Katze ist von

einer beneidenswerten Vollkommenheit,

reglos, ungeheuerlich.

Axel Eggebrecht

Auf den flachen Dächern aber ließ sich gehen und weilen; das war am Morgen, am Mittag und Abend ein immer größeres Wunder. Die einzelnen Dachbereiche waren durch Treppchen verbunden, manchmal ging es hinunter und dann wieder Stufen hinauf, von einer Terrasse zur andern. Alles war blütenweiß, auch Gänge und Treppen; man kalkt die Dachflächen, um das Innere kühler zu halten. Auch weißes Glockengestühl war da; die metallenen Münder hingen frei überm Tal, über der Insel, dem Meer.

Da man so ganz im Weißblendenden stand, schien auch die Ferne traumhaft, voll lichter Magie; sie blühte wie aus Lilienkelchen hervor. Eine silbrige, sphärische Welt, gemacht aus der Bläue des Himmels, der Bläue des Meers und dem dunkleren Blauhauch der Inseln.

Erhart Kästner

Es sind keine düsteren Geheimnisse, von denen die Katzen umgeben sind, sondern freundliche Rätsel. Sie bewahren unsere Zuneigung davor, gewöhnlich zu werden. Sie stiften Distanz. Sie geben der Freundschaft Form. Sie verleihen ihr Stil. Sie erhöhen ihren Zauber. Das sind große Worte? Das sind große Worte. Ich finde keine kleineren.

Erich Kästner

WER WÜRDE GLAUBEN,

DASS HINTER DIESEN LEUCHTENDEN

AUGEN KEINE SEELE WOHNT?

Théophile Gautier

Woran denkst du nun? An dein Heute?
Was du verfehlt und erreicht?
An dein Spiel? Deine Jagd? Deine Beute?
Oder träumst du vielleicht,

Frei von versuchenden Schemen
Grausamer Gegenwart,
Milde teilzunehmen
An der menschlichen Art,

Selig in großem Verzichte
Welten entgegenzugehn,
Wandeln in einem Lichte,
das wir beide nicht sehn?

Hans Carossa

Am ersten Tag hat ihr ein kleiner, schmutziger weißer Kater den Hof gemacht. Er ist nicht jung. Nicht stark, aber durchgearbeitet. Sie trafen sich immer wieder wie durch Zufall. War er fort, suchte sie ihn. Kam er, setzte sie sich ihm absichtslos in den Weg.
Er setzte sich in ihre Nähe. Er machte Musik. Er ist ein ritterlicher Sänger. Sie hörte ihm aufmerksam zu; aber so wie eine Dame, die sich nicht anmerken läßt, was sie bewegt. Sie schenkte ihm ihre Huld, d. h. Aufmerksamkeit und den freundschaftlichen Wunsch, seine Gesellschaft zu teilen. Nach dem Gesang, der leidenschaftlich schwermütig ist, stand er auf und entfernte sich etwas, mit steifen Schritten, als ob er von der ausgestandenen Erregung halb gelähmt wäre. Auch sie ging weg, und wie unabsichtlich trafen sie nach einer halben Stunde wieder zusammen.

Robert Musil

Gesicht gesträubt: die Iris weit:

Ein unentschlüsselbarer Blick:

auf kleinen Pfoten läuft ein Stück

von Leben mit uns durch die Zeit.

Günter Kunert

Runder Rücken, Rundungen der Augen, mit dem Zirkel entworfene Krallen: Sie existiert einzig in der Kurve. Sie schätzt Höhlungen, Kissen, Körbe, all diese Entsprechungen ihrer Form, in die sie sich einfügt, ohne etwas von sich überstehen zu lassen. Wenn ihr Kleid getigert ist, tragen ihr Schwanz und ihre Pfoten Fellringe, um eine grundlegende Treue stärker zu betonen.

Ecken erträgt sie nicht. Aber sie gebraucht ihr Kinn wie ein Reibeisen, mit dem sie unermüdlich an Kanten von Stufen, gekrümmten Knien, Tischecken, Balken und Ecksteinen aller Art reibt. Weil sie nicht weiß, daß die Erde rund ist, poliert sie sogar die Kieselsteine.

Jean-Louis Hue

Stellen Sie sich einmal vor, welches Glück

es bedeutet, wenn man sein ganzes

Leben einzig und allein den Katzen und

ihrer Beobachtung widmen könnte . . .

François-Augustin de Paradis de Moncrif

Wie schön schläft eine Katze,
schläft mit Pfoten und Schwere,
schläft mit ihren grausamen Krallen
und ihrem blutgierigen Blut,
schläft mit allen den Ringen,
die wie versengte Kreise
die Geologie eines sandfarbenen
Schweifs errichteten.

Ich möchte wie eine Katze schlafen
mit allen Haaren der Zeit,
mit des Feuersteins Zunge,
dem trockenen Sexus des Feuers
und dann mit niemand sprechen,
mich ausstrecken über die Welt,
über Dachziegel und die Erde,
angespannt darauf aus,
die Ratten des Traums zu jagen.

Ich hab gesehen, wie die Katze
im Schlafe dünte; es rann
durch sie die Nacht wie dunkles Wasser,
und zuweilen war sie im Begriff zu fallen,
war sie vielleicht im Begriff, hinabzustürzen
in nackte Schneeschluchten,
vielleicht wuchs im Schlaf sie so sehr
wie eines Tigers Urahn
und wollte im Finstern
auf Dächer, Wolken und Vulkane springen.

Schlafe, schlaf, nächtliche Katze
mit deinen Bischofszeremonien
und deinen steinernen Schnurrhaaren:
bestimme all unsere Träume,
lenke die Dunkelheit
unserer schlummernden Großtaten
mit deinem blutgierigen Herzen
und dem langen Hals seines Schweifs.

Pablo Neruda

DAS LEBEN UND DAZU EINE KATZE:

DAS GIBT EINE UNGLAUBLICHE SUMME,

ICH SCHWÖR'S EUCH!

Rainer Maria Rilke

Das einzig Rätselhafte an der

Katze ist, warum sie sich je entschieden hat,

ein Haustier zu werden.

Compton Mackenzie

Das Tier aber ruht in der Sicherheit seiner Grazie. Es entgeht dem Stich des Bewußtseins. Es ist in jedem Augenblick völlig in seiner Handlung. Ob es sich nährt, ob es schläft, ob es seine Pfote ausstreckt – nirgend klafft eine Lücke. Seine Taten fallen mit seinen Bewegungen, seine Bewegungen mit seinem Begehren, sein Begehren mit seiner Vorstellung zusammen . . . So hat das Tier sich die Fähigkeit bewahrt, die wir verloren haben, ganz im Augenblick zu leben. In diesem Augenblick verewigt sich die Ganzheit seiner Existenz.

Wilhelm Lehmann

Und die Katzenaugen sehen,
Und die Katzenseele lacht,
Wie das Völklein der Pygmäen
Unten dumme Sachen macht.

Menschentum ist ein Verkehrtes,
Menschentum ist Ach und Krach;
Im Bewußtsein seines Wertes
Sitzt der Kater auf dem Dach!

Josef Viktor von Scheffel

TAG UND NACHT SIND IHNEN GLEICH, UND IHRE KLAREN AUGEN

SIND WIE DAS FUNKELN DER STERNE.

H. Cammas et Lefèvre

Das Blau des Meers war von Gold und Rot überstäubt. Es war ein Abend in Glorie. Gebe Gott, daß ich nie die Farben vergesse! lichteste Farben, vom Jenseits geholt! hingestrichen mit Silberfittichen, die kindliche Genien zum Malen benutzten, getaucht in himmlische Farbentöpfe! mit silbernen Kellen geschöpft, auf Silberpaletten gemischt und zubereitet mit flüssigem Licht! auf Himmelsfolie gemalt.

Erhart Kästner

Hamilkar, Hamilkar, schlafsüchtiger Fürst der Bücherburg, nächtlicher Wächter! Gleich der göttlichen Katze, die in Heliopolis zur Nacht des großen Kampfes gegen die Gottlosen stritt, verteidigst du die Bücher, die der alte Weise für den Preis einer bescheidenen Barschaft und eines nimmermüden Eifers erwarb, wider die häßlichen Nager . . . Denn du vereinst in deiner Person den furchtbaren Anblick eines tartarischen Kriegers mit der lässigen Grazie einer orientalischen Frau. Schlummere, heroischer und wollüstiger Hamilkar, in Erwartung der Stunde, da die Mäuse im Mondstrahl tanzen . . .

Anatole France

So ein Abend. Nichts als der gegenstandslose Himmel ist da, Leeres. Junger Mond, fünf, sechs Sterne, etwas geschmolzener Meerglanz. Nichts, was nicht wo anders auch zu haben sein möchte. Wie kommts, daß das hier so voll Glück ist?

Erhart Kästner

Die Fotos in diesem Bildband entstanden auf den Inseln Chios, Folegandros, Ios, Ithaka, Kithnos, Korfu, Lemnos, Mykonos, Naxos, Patmos, Paxoi, Rhodos, Samos, Santorin, Seriphos, Sifnos, Siros, Thasos und Tilos.

TEXTNACHWEIS

S. 6f. François-Augustin de Paradis de Moncrif (1687-1770), aus *Die Geschichte der Katze.*

S. 10 Erhart Kästner (1904-1974), aus *Kreta* © Insel Verlag, Frankfurt am Main 1975.

S. 19 Théophile Gautier (1811-1872), aus *Gesammelte Werke*, fourier verlag, Wiesbaden 2003.

S. 35 Hilde Domin, aus *Die andalusische Katze*, in *Autobiographische Schriften* © S. Fischer Verlag GmbH, Frankfurt am Main 1993.

S. 44 Axel Eggebrecht (1899-1991), aus *Katzen*, © Verlags AG Die Arche, Zürich 1967, 1990, 1999.

S. 49 Georg Schatz (1763-1795), *An Molly, Glycerens Lieblingskatze*, aus *Blumen auf den Altar der Grazien*, Leipzig 1787.

S. 56 Hilde Domin, a. a. O.

S. 61 E.T.A. Hoffmann (1776-1822), aus *Lebensansichten des Katers Murr*, Reclam, Stuttgart 1972.

S. 67 Axel Eggebrecht, a. a. O.

S. 73 Erhart Kästner, aus *Griechische Inseln* © Insel Verlag, Frankfurt am Main 1975.

S. 79 Erich Kästner (1899-1974), aus *Meine Katzen* © Atrium Verlag, Zürich und Thomas Kästner.

S. 80 Théophile Gautier, a. a. O.

S. 82 Hans Carossa (1878-1956), aus *An eine Katze*, in *Werke*, Bd. 1, *Gedichte* © Insel Verlag, Frankfurt am Main.

S. 85 Robert Musil (1880-1942), aus *Tagebücher* © Rowohlt Verlag GmbH, Reinbek 1976, 1983.

S. 88 Günter Kunert, aus *Zwei Gedichte für Clarence.* © Günter Kunert.

S. 90 Jean-Louis Hue, aus *Katzen. Eine Liebeserklärung und eine kleine Enzyklopädie* © Marion von Schröder Verlag, München 1984.

S. 94 François-Augustin de Paradis de Moncrif, a. a. O.

S. 96 Pablo Neruda (1904-1973), *Katzentraum* aus *Das lyrische Werk II*, hg. v. Karsten Garscha, dt. Ausg. © Luchterhand Literaturverlag, ein Unternehmen der Verlagsgruppe Random House GmbH, Übersetzung: Erich Arendt u. Katja Hayck-Arendt.

S. 103 Wilhelm Lehmann (1882-1968), aus *Vierfüßiger Prinz*, in *Bewegliche Ordnung. Aufsätze.* Suhrkamp Verlag, Frankfurt am Main o.J.

S. 111 Joseph Viktor von Scheffel (1826-1886), aus *Lieder des Katers Hidigeiei*, in *Der Trompeter von Säckingen*, in *Sämtliche Werke*, Bd. 1, Leipzig 1917.

S. 116 Erhart Kästner, aus *Griechische Inseln*, a. a. O.

S. 123 Anatole France (1866-1924), aus *Die Schuld des Professors Bonnard*, in *Gesammelte Schriften*, Reclam, Leipzig 1911.

S. 127 Erhart Kästner, aus Die *Lerchenschule. Aufzeichnungen von der Insel Delos* © Suhrkamp, Frankfurt am Main 1997.

IMPRESSUM

© 2005 ARTEA GmbH
Döbereinerstraße 5
D-81247 München, Germany

www.artea.de

Konzept, Textauswahl, Art Direction: Gabriele Schiffer

Lektorat: Susanne Rick

Layout: Schiffer Graphic Design, München

Druck und Bindung: Graphicom, Vicenza

ISBN 3-933861-61-6